MÉMOIRE

Sur la recherche des moyens que l'on pourroit employer pour conftruire de grandes Arches de pierre de *deux cents*, *trois cents*, *quatre cents* & jufqu'à *cinq cents* *pieds* d'ouverture, qui feroient deftinées à franchir de profondes vallées bordées de rochers efcarpés ;

Par le Citoyen *PERRONET*,

Premier Ingénieur des Ponts & Chauffées de France, de l'académie des Sciences, de celle d'Architecture & de la Société d'Agriculture de Paris, de la Société royale de Londres, des académies de Stockolm, Berlin, Lyon, Rouen, Metz & Dijon.

A PARIS,

DE L'IMPRIMERIE NATIONALE EXÉCUTIVE DU LOUVRE.

M. DCC. XCIII.

MÉMOIRE

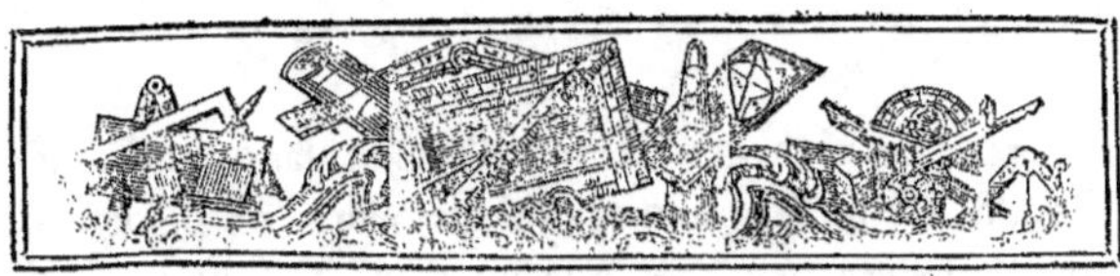

Sur la recherche des moyens que l'on pourroit employer pour conftruire de grandes Arches de pierre de deux cents, trois cents, quatre cents *& jufqu'à* cinq cents pieds *d'ouverture, qui feroient deftinées à franchir de profondes vallées bordées de rochers efcarpés.*

ARTICLE I.

LES Péruviens ont employé des ponts de corde faite d'écorce d'arbres, pour traverfer des vallées profondes qui ne leur permettoient pas d'y établir des chemins, en arrêtant ces ponts fortement à chaque bout contre des arbres ou des rochers ; mais il ne pouvoit y paffer que des gens de pied ou des mulets, & leur charge faifoit des inflexions qui changeoient continuellement la courbe du pont & effrayoient les muletiers : ce qui doit faire défirer à une nation riche & commerçante, telle que doit le devenir la république Françoife, de conftruire des ponts plus larges & plus folides dans ces fortes d'endroits.

A

2.

L'arche la plus grande que l'on ait faite en France, eſt celle de Vieille-Brioude ſur l'Allier, de 172 pieds d'ouverture, conſtruite en 1454 ; on y en trouve auſſi pluſieurs de 120 & de 150 pieds, & une pareille à cette dernière à Véronne, faite en 1354. Il y en a également une en Angleterre, dans le pays de Galles, province de Glamorghanſire, ſur la rivière d'Uſche, de 178 pieds 8 pouces, pied de roi ; mais dans un ſiècle où les ſciences & les arts ont fait de ſi grands progrès, ne pourroit-on pas ſe flatter d'en établir ſolidement qui ayent encore plus d'ouverture ! c'eſt ce que nous nous propoſons d'examiner dans le préſent Mémoire.

3.

La difficulté de faire des arches plus grandes que celles qui ſont connues, conſiſte en trois principales choſes que nous examinerons ci-après.

La première eſt le choix de la pierre, pour qu'elle puiſſe réſiſter à la preſſion à laquelle elle ſera expoſée.

La ſeconde eſt la compoſition des cintres de charpente, & le moyen de les élever ; ce qui demande plus d'attention & d'art à proportion que les arches ſeront plus grandes.

Et la troiſième qui exige encore le plus d'attention, eſt celle de décintrer ou démonter les fermes après la poſe des clefs, de manière que l'affaiſſement des voûtes puiſſe ſe faire inſenſiblement, en conſervant leur courbure, ſans former de jarrets : ce que nous diviſerons en autant de ſections.

La quatrième ſection comprendra la conſtruction des

murs d'épaulement & pilaftres, des trompes en tour creufe fur l'angle, des œils de pont, de la maçonnerie des reins.

La cinquième & dernière concernera les arches d'une moindre ouverture que celle de 500 pieds.

SECTION PREMIERE.

Choix de la Pierre.

4.

On doit préférer la pierre la plus dure que l'on pourra trouver aux environs de chaque endroit de l'établiffement de l'un de ces grands ponts, qui foit fans fil ni moye, & dont les bancs de carrière puiffent porter au moins 18 pouces de hauteur, étant éboufinée & taillée au vif, dont la plus grande longueur de coupe foit de 7 pieds dans le haut de la voûte; celle des douelles doit être de 4 & 5 pieds; la force de cet appareil fera diminuée aux arches moins grandes, comme on l'expliquera ci-après. Il faudra, en général, n'employer la pierre qu'après qu'elle aura jeté fon eau de carrière, & qu'on aura éprouvé à la gelée celle qui paroîtra fufceptible d'en être attaquée.

5.

La pierre la moins dure doit pefer environ 150 livres le pied cube, & la plus dure, telle que les grès, granits & les marbres, ou pierres calcaires les plus compactes, jufqu'à environ 180 livres, pour qu'elles puiffent réfifter à la preffion à laquelle elles feront expofées, en préférant de placer les

plus dures jufqu'à la hauteur d'environ 30 degrés d'après
les naiffances, lorfque les carrières n'en fourniront pas une
affez grande quantité pour toute l'arche.

6.

Le citoyen Perronet a fait beaucoup d'expériences, ainfi
que feu M. Soufflot, fur la dureté des pierres que fourniffent
les carrières connues en France, pour en écrafer des échantillons qui n'avoient que deux pouces en carré & un pouce
de hauteur, avec une machine dont la force de preffion
étoit élevée jufqu'à 30 milliers. Ils ont reconnu que ceux
de ces échantillons provenant de la carrière de Saillancourt,
près Meulan, qui avoient deux pouces de bafe en carré,
4 pouces de fuperficie & un pouce de hauteur, ont fupporté un poids moyen de 7,375 livres ; ce qui produit pour
un pied carré, 265,680 livres.

7.

C'eft d'après ces expériences que l'on a entrepris de
conftruire le pont de Neuilly-fur-Seine en cinq arches,
chacune de 120 pieds d'ouverture, furbaiffées au quart,
c'eft-à-dire, qu'elles ont 40 pieds de hauteur ou de longueur
de flèche fous clef.

8.

La partie de l'arc fupérieur des arches de ce pont n'a,
fur 33 pieds de longueur d'entre la pointe d'une corne
de vache à l'autre, qui ont été pratiquées pour l'évafe-
ment des têtes de chaque arche, que 6 pouces 9 lignes
de longueur de flèche ; ce qui donne à connoître que cet

(5)

arc faifant partie du cintre primitif, fe trouve décrit avec
un rayon de 244 pieds de longueur, & que l'épaiffeur de
la douelle de la clef étant de 18 pouces, les joints de fa
coupe, tendant au centre de l'arche, formeront de chaque
côté avec la verticale, un angle qui n'a que 10 minutes
21 fecondes.

9.

La conftruction du pont de Neuilly doit faire connoître
que la pierre de la qualité de celle dont il eft conftruit,
peut réfifter dans le haut des voûtes à la preffion qu'éprouvent
les vouffoirs de l'arc dont le rayon eft, comme on l'a déjà
dit, de 244 pieds, & conféquemment à celui de 250 pieds
de longueur qu'auroit l'arche de 500 pieds propofée, vu
le peu de différence. Mais il convient d'examiner fi les
premières retombées ou couffinets de cette même arche,
pourront réfifter à la preffion du poids dont ils feront
chargés, principalement à caufe de celui de la maçonnerie
des reins ou tympans du derrière des vouffoirs, la longueur
de coupe de ces vouffoirs devant être au moins de 7 pieds.

10.

La fuperficie de chacun de ces reins, en y comprenant
la longueur des vouffoirs, eft de 11,671 pieds carrés,
déduction faite de 4,322 pieds pour celle des trois œils
de pont mentionnés ci-après, *article 85,* que l'on doit y
faire de chaque côté de la voûte pour diminuer la maffe de
la maçonnerie.

(6)

I I.

En réduifant à un pied , pour la facilité du calcul ,
l'épaiſſeur de cette maçonnerie , ſon poids à raiſon de
352 livres le pied cube, s'élèvera à 1,773,992 livres que
ſoutiendront les premiers vouſſoirs ou retombées de 7 pieds
de longueur, dont la réſiſtance, pour un pied de largeur
ſeulement, ſera, comme on l'a dit ci-devant, de 265,680 liv.
& pour les 7 pieds de la longueur de coupe de ces premières
retombées , de 1,959,760 livres ; ce qui excédera de
185,768 livres la charge de la maçonnerie de chacun des
reins de la voûte , pour le cas de l'équilibre ſeulement.

I 2.

On doit obſerver qu'un gros quartier de pierre , tels
que ceux qui formeront les premières retombées de 18
pouces de hauteur , doit réſiſter ſous la preſſion beaucoup plus en raiſon de ſa maſſe , que n'ont pu le faire
les petits échantillons de pierre de 2 pouces en carré ſur
un pouce de hauteur, qui ont été mis en expérience ſous
la charge ; car, on doit remarquer que ces petits échantillons
& même de plus gros , ſe trouvant renfermés dans un gros
bloc de pierre , comme dans une caiſſe , auront beaucoup
plus de force pour porter une plus grande charge , puiſque
l'on ſait que l'eau même devient incompreſſible , étant
contenue dans une ſphère creuſe , faite en or. On ne penſe
cependant pas que des corps ſolides , tels que la pierre ,
ne ſoient ſuſceptibles de quelque compreſſion à raiſon de
ſa poroſité & de l'eau de carrière qu'elle peut contenir ;

mais cette preffion ne doit pas être sensible pour de la pierre sèche & de la qualité de celle dont il est question.

13.

On doit encore obferver ici que les vouffoirs fupérieurs fe trouveront d'autant moins comprimés, qu'ils feront plus élevés en s'approchant de la clef; & auffi qu'une partie de la maçonnerie de chaque tympan, en s'appuyant fur les entailles faites de niveau & par redans, à différente hauteur dans le rocher fervant de culées, diminuera d'autant fa charge contre ces vouffoirs. Ce font ces réflexions qui paroiffent établir la poffibilité de faire folidement une arche en plein cintre de 500 pieds d'ouverture, & encore plus lorfqu'on pourra y employer de la pierre plus dure que celle de Saillancourt, mentionnée ci-devant. On va rapporter plufieurs expériences à l'appui de ce qu'on vient d'avancer.

14.

Deux échantillons de grès, chacun des mêmes dimenfions que ceux dont il a été question ci-deffus *article 6,* pris au Banc royal dans la forêt de Fontainebleau, dont le poids du pied cube n'eft que de 150 livres, ont été chargés de 23,050 livres, poids moyen, pour les écrafer, au lieu de 7,375 livres mentionnées au même article. Deux autres échantillons de grès, provenant du rocher de Saint-Germain, de la même forêt, ont été chargés de 29,530 livres, le poids étant de 164 livres le pied cube; enforte que la première efpèce de grès avoit plus du triple de force

que la pierre de Saillancourt, quoique d'une moindre pe-
fanteur, & la feconde du quadruple, avec un excédant de
poids feulement de 12 livres, qui ne fait à peu-près que
le douzième de celui de la pierre de Saillancourt.

15.

Deux échantillons de même bafe que les précédens, de
la pierre de Langeac en Auvergne, dont la hauteur étoit
de 3 pouces, & le poids du pied cube de 174 livres, ont
fupporté une charge de 19,010 livres : mais cette charge
s'eft trouvée réduite pour de femblables échantillons qui
avoient encore leur eau de carrière, à 14,530 livres.

16.

Deux pareils échantillons provenant d'un volcan de la
même province, du poids de 151 livres le pied cube, ont
fupporté une charge de 19,970 livres & de 20,610 livres,
ce qui donne moyennement 20,290 livres ; mais deux autres
auffi de lave, du poids de 139 livres le pied cube, n'ont
fupporté de poids moyen que 11,090 livres.

17.

Ces expériences font connoître que la réfiftance de la
pierre n'eft pas toujours en raifon de fon poids, mais qu'il
y influe plus généralement ; ce qui doit obliger un ingénieur
chargé de pareils grands travaux, à faire une étude parti-
culière de la pierre qu'il conviendra d'y employer pour être
affuré du fuccès, ayant auffi l'attention de ne pas la pofer en
lit, quoiqu'elle puiffe porter un plus grand poids d'après

les

(9)

les expériences que nous en avons faites ; mais elle est pour
lors sujette à s'exfolier à ses paremens.

18.

Quand la résistance de la pierre que l'on sera obligé
d'employer, approchera trop près de l'équilibre avec la
charge, il conviendra de faire des bossages ou des refends à
chaque assise, pour l'empêcher de s'épaufrer sous une
compression qui arriveroit trop près de ses paremens, afin
de la porter plus avant dans la pierre, comme il est dit
article 94. C'est vraisemblablement pour ce même motif,
que l'on a pratiqué à d'anciens monumens ces bossages &
ces refends ; mais ils ne sont présentement plus employés
que comme variété dans la décoration de l'architecture des
bâtimens moins élevés.

On peut aussi suppléer au moyen que l'on vient d'indiquer
pour ce qui concerne la solidité, en ne sichant & ne mettant
du mortier sur le lit des pierres, que jusqu'à quelques pouces
de leur parement ; le vide qui reste est garni d'étoupes qui
empêchent le mortier de sortir : on retire ces étoupes après
que le tassement s'est fait sur le mortier ; & les joints qui
restent pour lors vides, sont garnis en ciment, après avoir
retaillé & ragréé les paremens à la fin des ouvrages. Cette
attention qui se pratique généralement dans les travaux
publics, empêche également la pierre de s'épaufrer à ses
paremens, parce qu'ils ne participent point au tassement qui
se fait entièrement sur le reste du lit des pierres.

SECTION II.

Compoſition des Cintres de charpente, & le moyen de les élever.

19.

L'ARCHE de 90 pieds de Nogent-ſur-Seine, celle de 96 pieds du milieu du pont de la Liberté, celles de 120 pieds de Mantes & de Neuilly, ont été faites ſur des cintres retrouſſés qui ne ſont appuyés que contre les culées & les piles ; mais lorſque ces arches ſe trouvent plus grandes, telle que celle de 150 pieds, projetée en portion d'arc pour Melun, dont la flèche eſt de 10 pieds de longueur, & celle de pareille ouverture, nommée le *pont de Lavaur*, de 67 pieds de montée, faite dans la ci-devant province du Langudoc, les cintres ont beſoin alors d'être ſoutenus, ſoit par de forts pieux, ainſi qu'on doit le faire à Melun, ſur trois rangs placés au milieu perpendiculairement aux têtes, eſpacés à 4 pieds en tout ſens, de milieu en milieu ; ſoit ſur des piliers ou des arcades de maçonnerie ou de briques, comme on l'a fait au pont de Lavaur, quoique ſans néceſſité, parce qu'on pouvoit également y ſubſtituer des files de gros pieux bien moiſés & liés entr'eux, en les couronnant de chapeaux pour porter les fermes des cintres.

20.

Pour établir les cintres d'une arche de 500 pieds, demi-circulaire, ſur une vallée dont la profondeur auroit au

moins 250 pieds, & feroit bordée de rochers efcarpés qui lui
ferviroient de culées, il conviendra d'élever provifoirement
fix piles en pierre de taille ou libages débrutis, maçonnées
avec mortier de chaux & fable, lefquelles pourront être
démolies en tout ou partie, fi on le trouve convenable,
après la conftruction de l'arche, pour que les matériaux
qui en proviendront puiffent être employés aux murs
d'épaulement & pilaftres, ainfi qu'aux œils de pont & aux
trompes en tour creufe fur l'angle, dont il fera parlé
ci-après, & à la maçonnerie des reins.

La profondeur de la vallée qui doit être égale à la
hauteur de cette arche, la rendroit plus élevée d'environ
48 pieds que les tours Notre-dame de Paris, & de 120
pieds que le Panthéon de Rome, monument d'architecture le
plus hardi qu'ayent fait les Romains, dont la hauteur de la
voûte n'eft cependant que de 134 pieds au-deffus du pavé,
& le diamètre de pareille dimenfion.

21.

Les quatre piles les plus élevées feroient efpacées à
100 pieds, de milieu en milieu; elles auroient 10 pieds
d'épaiffeur au fommet. Les deux dernières piles ne feroient
éloignées que de 50 pieds du parement des culées, & de
pareille diftance du milieu des piles précédentes; leur épaiffeur
feroit réduite à 8 pieds dans le haut : elles auroient toutes
60 pieds de longueur, & feroient élevées avec talus de
4 lignes par pied de hauteur au-deffus de leur retraite ou
empattement du bas; le tout fondé fur le rocher ou autre
terrain très-folide. On arrondiroit en demi-cercle leur

B 2

avant-bec feulement, jufqu'à la hauteur des plus grandes eaux.

22.

D'après la gravure ci-jointe, les piles du milieu auroient chacune 200 pieds de hauteur, les moyennes 165 pieds, & les plus baffes 100 pieds ; on réferveroit dans le milieu de leur longueur, une ouverture de 4 pieds & de 8 pieds de hauteur au-deffus des échafauds mentionnés ci-après, pour fervir de paffage aux ouvriers & aux matériaux d'un côté à l'autre des piles.

23.

Pour faciliter cette conftruction, on établira quatre échafauds, efpacés à 50 pieds au-deffus les uns des autres, qui ferviront d'étréfillons contre le déverfement des piles. Le dernier échafaud fervira de pont provifionnel, pour lever les cintres & conftruire la voûte depuis l'angle de 30 degrés ou environ de part & d'autre des naiffances, jufqu'auquel angle on fait que les vouffoirs pourront être pofés avec plus de facilité, au moyen de ce qu'ils ne gliffent point les uns fur les autres.

On pofera fous le milieu de chaque poutrelle des échafauds d'entre les piles les plus élevées, un ou deux rangs de forts poteaux qui monteront de fond, lefquels feront entés & moifés au milieu de leur hauteur ; ils feront pofés fur des femelles par bas & coiffés d'un chapeau : on affemblera haut & bas des liens en contre-fiches de chaque côté de ces poteaux.

On établira auffi de petits échafauds verticaux au pourtour

(13)

des piles, pour en élever la maçonnerie juqu'à la hauteur de
chaque échafaud supérieur ; après quoi ils feront démontés
& repofés fucceffivement pour remplir la même fonction,
de 50 en 50 pieds de hauteur.

24.

On fait d'ailleurs que l'angle des frottemens eft, pour
les corps polis, d'après les expériences de M. Amontons,
de 18 degrés 26 à 27 minutes , calculés par M. Parent
dans fon *Mémoire de l'académie des fciences de l'année 1699.*
Cet angle fe réduit pour les groffes maffes , telles que
celle des vaiffeaux qu'on lance à la mer fur des plans inclinés,
à 4 ou 5 degrés ; mais il eft de 44 degrés pour une pierre
brute que l'on veut faire gliffer fur un madrier feulement
fcié, fans être raboté ; ce qui fait encore connoître que l'on
peut élever les voûtes avec facilité fans cintre, fur les
30 premiers degrés à partir de la naiffance, & même jufqu'à
45 degrés, en foutenant un peu les vouffoirs de deffus
pendant leur pofe (*).

25.

Les fermes feront compofées de fept cours d'arbalêtriers,
chacun de 18 à 21 pouces de groffeur, & de 21 à 24 pieds
de longueur : ceux du milieu & les deux premiers du bas,
feront pofés jointivement à redans avec ceux du deffus.

(*) *Voyez* le Mémoire lû à l'académie des fciences par le citoyen Perronet,
fur l'éboulement des portions de montagnes & autres terrains élevés,
que l'on trouve dans le fupplément de fes ouvrages, *page 9.*

26.

Ces redans auront 3 pouces de profondeur & 6 lignes de jeu entr'eux, pour y chasser des coins de part & d'autre : leur entaille sera faite en queue d'hironde, ainsi que Grubbmann l'a pratiqué avec le plus grand succès au pont de Wettenguen, pour une arche ou travée de charpente de 185 pieds d'ouverture & de 28 pieds de flèche.

27.

Les autres arbalêtriers seront posés triangulairement, moisés à chaque bout & au milieu de leur longueur avec des pièces de même grosseur que ces arbalêtriers ; le tout retenu ensemble par des boulons de fer de deux pouces de diamètre, ayant leurs têtes, écroues, rondelles & clavettes convenables. Ces pièces, qu'on nomme *moises pendantes*, seront toutes dirigées au centre de l'arche. Sur le dessus du dernier rang d'arbalêtriers, on posera des vaux ou pièces courbées d'après l'épure de la voûte.

28.

Chaque bout des arbalêtriers sera fait en portion d'arc décrite avec un rayon de la longueur de l'arbalêtrier, & assemblé avec les moises, sablières & jambes de force dans une entaille de même courbure, à un pied au-dessous des arbalêtriers supérieurs. On donnera à cette entaille un peu de jeu au haut & au bas, pour faciliter le mouvement que prennent nécessairement les cintres en remontant, lorsqu'on les charge du bas, & en descendant, à mesure que la charge devient plus considérable, jusqu'à ce qu'on ait posé les clefs ;

mais pour diminuer le rehauffement des cintres, on doit avoir l'attention de charger leur fommet à mefure qu'il s'élève, avec un certain nombre de cours de vouffoirs taillés & prêts à pofer au haut de la voûte. Cette charge a été portée à chacune des arches du pont de Neuilly, jufqu'à 930 milliers. Les fermes étoient efpacées à 6 pieds de milieu en milieu, & compofées de quatre cours d'arba-lêtriers, ayant depuis 19 jufqu'à 23 pieds de longueur, & 14 à 17 pouces de groffeur : elles ont baiffé de 13 pouces jufqu'au moment de la pofe de la clef, & de 9 pouces 6 lignes après cette pofe ; ce qui fait en total 22 pouces 6 lignes dont elles avoient été furhauffées, d'après la cour-bure qu'on défiroit leur faire prendre.

29.

Le cintre de l'arche de 500 pieds & de 30 pieds de largeur, fera compofé de fix fermes, dont le milieu des premières fera placé à deux pieds du nu de chaque tête ; ce qui donnera à-peu-près cinq pieds 3 pouces pour l'efpa-cement des autres fermes de milieu en milieu, & 2 pieds feulement pour la charge de chacune de celle des têtes.

30.

Indépendamment des moifes pendantes mentionnées ci-devant, on en pofera d'horizontales de 9 à 18 pouces de groffeur, à la diftance de deux de ces moifes ; obfervant d'en mettre un court dans le bas des fermes, & l'autre alter-nativement au haut des mêmes fermes, & de plus des cours de liernes horizontales de 8 à 9 pouces de groffeur, placées au milieu de l'efpace d'entre les moifes horizontales. Toutes ces moifes & liernes feront d'une feule pièce fur leur longueur, entaillées & boulonnées au droit des moifes & des arbalêtriers.

31.

On pofera auffi des cours de guettes ou contre-vents de 8 à 9 pouces de groffeur dans les fermes, pour s'oppofer en fens contraire à leur déverfement.

32.

Malgré cette précaution qui eft effentielle, fur-tout pour les grandes arches, on élèvera la partie des piles qui faillira de 15 pieds de nu de chaque tête, fur une longueur feulement de 10 pieds jufqu'à 5 pieds de l'à-plomb du nu des têtes de l'arche, cet efpace devant être réfervé pour faciliter la pofe des premières fermes. L'élévation fera faite à-plomb jufqu'à la hauteur du deffus des fermes, & fervira à les contre-venter, avec des étréfillons qui viendront s'appuyer contre l'exhauffement des piles.

33.

Les fermes feront foutenues par ces piles, au moyen de la prolongation des moifes & des pièces en décharge, lefquelles dernières pièces auront 15 pouces de groffeur en carré, ainfi que les jambes de force qui feront appliquées contre les piles. On obfervera de placer des boffages fervant d'épaulement aux endroits néceffaires, pour affujettir ces jambes de force dans une pofition verticale, & auffi des encorbellemens de deux affifes de pierre fous les parties des

jambes

jambes de force qui feront interrompues dans leur hauteur; le tout comme cela eft figuré fur la gravure à laquelle on renvoie, afin de ne pas entrer dans des détails trop minutieux, tant pour la manière dont les piles précédentes doivent fupporter les cintres, que pour les autres piles, les perfonnes intelligentes n'ayant d'ailleurs pas befoin de pareils éclairciffemens.

34.

Les liens en contre-fiche qui feront deftinés à foutenir le dernier pont de fervice, s'affembleront dans le haut avec les fous-poutrelles du pont, & par bas dans les jambes de force. Ils feront moifés vers le milieu de leur longueur, & ne participeront point, non plus que le pont, au foutien des fermes.

35.

On obfervera feulement ici, que l'on doit doubler jointivement fur leur hauteur les poutrelles du pont de fervice, pour qu'elles ne foient pas trop affoiblies par les entailles du deffus & du deffous de ces pièces. On leur donnera 12 pouces de large & 15 pouces de haut; le rang fupérieur fera compofé de deux poutrelles d'égale longueur, foutenues à leur jonction dans leur milieu par les poteaux de fond mentionnés *art. 23*.

36.

Le fecond rang des poutrelles des ponts de fervice, fera compofé de trois pièces de longueur égale entr'elles, pour que le joint du milieu du cours fupérieur fe trouve recouvert.

C

On les affemblera toutes en recouvrement avec trait de jupiter à leur bout, & on les boulonnera de 10 pieds en 10 pieds avec boulons de fer de 18 lignes de diamètre, pour fixer les deux cours de poutrelles enfemble.

37.

Pour que l'on foit plus affuré de la réfiftance des fermes, il eft néceffaire d'examiner quelle fera la force des parties qui doivent les compofer, & auffi des pièces à placer fur les points d'appui pour les foutenir, relativement au poids dont elles feront chargées, en fuppofant que les bois foient tous de chêne.

38.

On remarquera premièrement, que la partie de 100 pieds d'entre les deux points d'appui du milieu, eft celle de la voûte qui fe trouvant la moins inclinée à l'horizon, chargera le plus directement les fermes.

39.

Cette partie dont les vouffoirs doivent avoir 7 pieds de longueur de coupe & 5 pieds 3 pouces de large, diftance du milieu d'une ferme à l'autre, pèfera 661,500 liv. en fuppofant la pierre du poids de 180 livres le pied cube, afin que les cintres fe trouvent affez forts lorfqu'on pourra employer de la pierre plus dure que celle de Saillancourt, qui ne pèfe que 152 livres.

40.

Les fept arbalêtriers d'entre les moifes pendantes, diftantes l'une de l'autre d'environ 12 pieds du deſſous de cette même partie de voûte, peuvent être conſidérés comme étant chargés verticalement dans leur milieu.

41.

Ces pièces compriſes entre deux moiſes pendantes & chargées dans leur milieu pourront réſiſter, chacune dans le cas de l'équilibre, à un poids de près de 388 milliers d'après les expériences de feu M. de Buffon, rapportées dans les mémoires de l'Académie des Sciences, de 1741, qui a reconnu que, pour qu'une pièce de 14 pieds de long & 5 pouces de groſſeur en carré, fût rompue, il avoit fallu la charger du poids de 5283 livres, en établiſſant auſſi d'après les mécaniciens, que la réſiſtance des pièces ainſi poſées de niveau, doit être dans la raiſon du carré de leur hauteur, multiplié par leur largeur, & de l'inverſe de leur longueur.

42.

Ce poids de 388 milliers doit être réduit à 97 milliers, ou ſi l'on veut à 100 milliers, faiſant à peu-près le quart de la force totale d'une de ces pièces, pour qu'elles ne puiſſent pas plier ſenſiblement.

43.

Il faut obſerver que les deux arbalêtriers du deſſous & le cours du milieu, qui doivent être aſſemblés à redan jointivement & boulonnés avec celui du deſſus, auront dans la raiſon du carré des hauteurs, une force quadruple, laquelle tiendra lieu de quatre arbalêtriers de plus qui ſeroient iſolés :

ils porteront le nombre total de chaque partie des fermes
à la réfiftance de onze arbalêtriers, au lieu de fept qui font
figurés fur la gravure; & à 1,100,000 livres pour la réfiftance
entière, au lieu de 661,500 livres que doit pefer la partie
de voûte correfpondante.

44.

On fait auffi que les pièces horizontales peuvent être
chargées à peu-près du double du poids qu'elles porteront dans leur milieu pour les rompre, en diftribuant ce
poids également fur toute leur longueur, comme doivent
l'être les arbalêtriers par les vouffoirs qu'ils ont à foutenir;
& cela fe trouve confirmé par les expériences que nous en
avons fait faire : ce qui fortifiera encore les fermes dans la
même proportion du double, & élévera leur réfiftance à
2,200,000 livres. Elles feront auffi foutenues à chaque
bout jufque près des quatrièmes piles, par des parties femblables & prefqu'horizontales, qui auront la même force.

45.

Ces pièces horizontales auront auffi beaucoup de force
pour réfifter par leur bout dans la direction de la longueur
de leurs fibres, qui eft la réfiftance principale qu'on a voulu
leur donner, & qu'il eft aifé de remarquer par la manière
dont ces fermes font compofées.

46.

Si l'on veut confidérer quelle feroit cette force longitu-
dinale de chacun des arbalêtriers, d'après les expériences

rapportées par Muſchembroeck dans ſon Eſſai de Phyſique *(page 256)*, pour le cas de l'équilibre avec ſa réſiſtance, & auſſi que cette force doit être établie dans la raiſon directe du cube de la groſſeur du bois, ou bien du carré du petit côté qui doit plier, multiplié par l'autre côté, & enſuite par l'inverſe du carré de leur longueur, en comptant le pied rhénant dont s'eſt ſervi Muſchembroeck, pour 11 pouces 7 lignes du pied-de-roi, & la livre pour 14 onces, poids de marc ; on peut en conclure, au défaut d'expériences ſemblables faites plus en grand, qu'une pièce de bois de chêne de 6 pieds de long & de 6 pouces de gros en carré, portera 23,418 livres.

47.

Il réſulte que la partie d'un arbalêtrier de 12 pieds de longueur, à laquelle il doit être réduit pour la diſtance d'une moiſe à l'autre, & de 18 à 21 pouces de groſſeur, aura une force de 92,200 livres, étant évaluée à moitié au lieu du quart de la réduction qu'il eſt néceſſaire d'obſerver pour des pièces horizontales, ainſi qu'il eſt dit ci-devant, pour qu'elles ne puiſſent pas plier ſenſiblement ; & les ſept arbalêtriers enſemble réſiſteront à un poids de 645,400 livres, ſans avoir égard à la poſition jointive des deux arbalêtriers du deſſous, parce qu'ils n'augmentent point la force, étant comprimés à leurs bouts, comme lorſqu'ils ſont chargés dans une poſition horizontale par le deſſus ; mais on n'aura point d'égard à cette force qui ſe répète & ſe contrebutte, en ſe détruiſant par ſa réaction ſur chaque partie des arbalêtriers d'une moiſe à l'autre.

48.

On voit que d'après cette manière de confidérer la réfiftance des bois, ils auroient encore affez de force pour porter une égale partie d'environ 100 pieds de longueur de la voûte qui fe trouve de chaque côté de celle du milieu, jufqu'aux points d'appui qui les précèdent ; puifque la partie du haut des cintres fera du double & même du quadruple plus forte qu'il ne faudra, d'après les calculs que l'on vient d'en donner, joint à ce que ces parties de voûte pèferont d'autant moins verticalement, en fe rapprochant des culées par l'obliquité de leur courbure, qu'elles reporteront une partie de leurs poids contre les culées. Cependant il y auroit encore moyen de fortifier ces mêmes parties de cintre, dans le rapport de 7 à 10, en doublant jointivement les trois arbalêtriers que l'on a fuppofé devoir refter ifolés.

49.

On remarquera, d'après ce qui vient d'être dit, que l'on pourroit tirer deux réfiftances d'une même pièce de bois ; l'une, en la chargeant dans une pofition horizontale, l'autre en la comprimant en même temps fuivant la longueur de fes fibres. On obfervera de réduire les poids, pour que cette pièce ne puiffe plier fous ces différens efforts, qui ne fe détruifent pas, étant perpendiculaires l'un à l'autre.

Cette manière de confidérer toute la force d'une même pièce de bois, n'a pas encore été envifagée, quoique l'on puiffe en trouver l'application en mécanique.

(23)

50.

La partie d'un couchis du haut de la voûte, de 8 pouces de groſſeur & de 5 pieds 3 pouces de longueur, milieu d'une ferme à l'autre, étant réduite au quart de ſa force, comme doivent l'être les pièces horizontales qui ſont chargées verticalement, pourroit porter un poids de 14,225 livres : mais la partie des vouſſoirs qu'elle ſoutiendra, ne pèſera au plus que dix milliers.

51.

Il ſuffira que les couchis du bas de la voûte ayent 6 pouces de groſſeur juſqu'à la hauteur au plus de l'angle de 45 degrés, & ils feront encore aſſez forts, parce que les vouſſoirs ſe trouvent ſoulagés d'une grande partie de leur poids par ceux du deſſous. Ces couchis ne font principalement utiles vers les naiſſances, ainſi que leurs cales, que pour empêcher les fermes d'être repouſſées contre la voûte à meſure que l'on vient à les charger.

52.

On doit préſentement examiner ſommairement la force des pièces de 15 pouces en carré, qui ſerviront à décharger ſur les points d'appui, la partie des fermes & de la voûte correſpondante aux quatre piles du milieu, dont la diſtance verticale eſt de 300 pieds.

53.

Ces pièces au nombre de 22, pourront porter chacune dans une poſition verticale, environ 70 milliers ſans plier : mais l'on ſait qu'étant inclinées, la force qu'elles perdront encore, fe trouvant dans le rapport du finus total au cofinus de l'angle d'inclinaifon que formera la direction verticale de la charge avec les pièces inclinées, fera de trois dixièmes; ce qui réduira environ à 21 milliers la force de chacune de ces 22 pièces, & en total à 462 milliers qui, joints aux 2,200,000 livres mentionnées *article 44*, porteront la réfiftance totale des cintres & de leurs décharges à environ 2,662,000 livres,

54.

La circonférence moyenne de la demi-voûte qui paffera par le milieu de la longueur des vouffoirs, fera de 896 pieds, leur longueur de 7 pieds, & la diftance du milieu d'une ferme à l'autre, de 5 pieds 3 pouces; ce qui produit 32,928 pieds cubes, lefquels fur le pied de 180 livres, donneront pour poids total de la partie de la demi-voûte que fupportera chaque ferme d'entre celle des têtes, 5,927,040 livres.

55.

Il faut remarquer que d'après le calcul de M. Couplet, que l'on trouve dans les Mémoires de l'Académie des Sciences de l'année 1729, en fuppofant, comme il l'a fait, que les lits de la coupe des vouffoirs font polis, la charge d'une voûte en plein cintre fe trouve réduite aux quatre neuvièmes, fur les fermes du cintre, & encore moins des quatre neuvièmes pour ce qui fe pratique dans la conf-truction des voûtes, dont les lits des vouffoirs font bruts & ne doivent pas tendre à porter autant fur les fermes que s'ils étoient polis; ce qui revient à peu-près, fuivant l'hypothèfe

de

(25)

de M. Couplet, au réfultat de la formule qu'a donnée M. Delahyre, qui n'a confidéré que la partie de la voûte qui fe trouve au deffus de 45 degrés de chaque côté de fa naiffance, pour celle qui doit charger les cintres après la pofe des clefs, & reporter la pouffée totale vers les culées; mais cette partie forme la moitié de la voûte & fe trouve, à un huitième près, égale aux quatre neuvièmes de M. Couplet.

56.

Ces quatre neuvièmes réduiront à 2,634,240 livres les 5,927,040 livres trouvées ci-devant *article 54*, pour poids total de la partie de voûte de 500 pieds d'ouverture, au lieu de 2,662,000 livres que donne la réfiftance de chaque ferme & de leurs décharges, fuivant l'*article 53*, ce qui rend cette réfiftance encore plus forte de 22,760 livres.

57.

On ne doit pas s'attendre que le calcul fur la force des bois des fermes & de leurs décharges, ait été fait avec la même facilité & exactitude que l'on auroit pu apporter pour une arche ordinaire, telle que celle de 60 pieds en plein cintre, & 80 pieds furbaiffée, dont M. Pitot a examiné dans le mémoire qu'il a remis à l'académie des fciences, en 1726, la force qu'il faut donner aux cintres des arches pour des voûtes que l'on confidéroit alors comme grandes, d'après la qualification même de M. Pitot; mais on ne s'eft propofé, ainfi qu'on l'a déjà dit, que d'expofer ce que l'on penfe fur la recherche des moyens d'établir de plus grandes arches.

D

58.

Les perfonnes qui s'occuperont de la perfection de ces moyens, doivent avoir égard dans leurs calculs, à la nature des bois qui pourront être employés aux cintres : s'ils étoient de fapin, leur réfiftance, étant chargés debout, devroit être réduite dans le rapport de 12 trois cinquièmes à 9 deux cinquièmes, ou à peu-près du quart, fuivant les obfervations de M. de Buffon dans fon mémoire mentionné ci-devant ; ce qui obligeroit alors de fortifier convenablement la groffeur des bois des cintres, ou bien de leur ajouter une feptième ferme.

59.

Si ces mêmes bois doivent être chargés étant pofés horizontalement, M. Parent a établi par fon mémoire imprimé dans ceux de l'académie des fciences de 1707, qu'ils pourroient porter un cinquième de plus que le bois de chêne ; on prétend d'ailleurs qu'ils caffent fans plier autant que le fait le chêne. Ces différences dépendent vraifemblablement de la configuration des fibres ligneufes des deux efpèces de bois, & de celle de leur élafticité, qui eft plus grande dans le bois de chêne.

60.

La courbure de l'ételon ou tracé des fermes fur le chantier, fera furhauffée de 8 pieds d'après les mefures mentionnées ci-devant, en lui donnant une forme ovale dont le petit diamètre fera toujours de 500 pieds, & la moitié du grand diamètre placé verticalement, de 258 pieds.

61.

C'eſt à ce ſurhauſſement de 8 pieds, que l'on évalue que pourra ſe faire le taſſement total des fermes, dont environ moitié ou les deux tiers avant la poſe des clefs, & le ſurplus enſuite par le reſte de la compreſſion du mortier des joints.

Ces joints, au lieu de 6 lignes qu'on leur donnera, pourront être réduits par la compreſſion, à 5 lignes dans les deux tiers de la partie ſupérieure de la voûte, en y employant du mortier de chaux & ciment.

62.

A l'égard des parties du deſſus des naiſſances juſqu'à la hauteur de l'angle de 30 degrés de chaque côté, qui formeront un tiers de la voûte, on pourra y employer du mortier de chaux & ſable graveleux, à cauſe de la difficulté que l'on auroit dans des endroits qui pourroient être éloignés des habitations, d'y raſſembler une aſſez grande quantité de ciment, à moins qu'il ne ſe trouvât aux environs, des montagnes volcaniſées qui fourniroient une eſpèce de pouzzolane qu'il faudroit même préférer au ciment.

63.

Pour diminuer encore plus le taſſement de la compreſſion des joints de ces mêmes parties de voûte, comme elles peuvent être preſque faites ſans le ſecours des cintres, ainſi qu'on l'a déjà dit, il conviendra de les commencer pendant qu'on préparera les bois des cintres, & de laiſſer un intervalle

d'un an avant de continuer la pose des vouſſoirs des parties
ſupérieures, afin de donner au mortier des joints le temps
de s'affermir & de réſiſter à la compreſſion. On pourra dans
cet intervalle, préparer les autres vouſſoirs & les faire
approcher de l'arche, ainſi que les bois des cintres & ceux
deſtinés à les fortifier par-deſſous, qui auront leurs points
d'appui ſur les piles de maçonnerie.

64.

Le gâcheur ou maître charpentier aura l'attention de ne
fixer la longueur de ces dernières pièces du deſſus des
plus hautes piles, que quand on s'apercevra que les fermes
auront beſoin d'être fortifiées par le deſſous à cauſe d'une
trop grande charge de vouſſoirs; ce qui facilitera le décintrement dont il ſera parlé ci-après.

65.

On tracera ſur l'épure de la demi-voûte la coupe de
chaque vouſſoir, en lui ſuppoſant l'épaiſſeur de douelle que
les bancs de carrière des environs du lieu où devra être
conſtruite l'arche, pourront permettre de lui donner, en
tâchant, s'il ſe peut, que cette épaiſſeur ne ſoit pas moindre
de 18 pouces.

66.

Le charpentier tracera ſur le cintre le milieu de l'emplacement de chaque vouſſoir, & y poſera dans le vide de
2 pieds qui aura été réſervé entre le deſſus des fermes & la
voûte, des couchis de 8 pouces en carré ſur les deux tiers
du haut de la voûte, & de 6 pouces au-deſſous. On poſera

en même temps les calles qui doivent soutenir les couchis,
en les faisant de plusieurs pièces que l'on puisse ruiner lors
du décintrement. Ces couchis auront chacun 28 pieds de
long, & seront posés d'équerre sur les têtes de l'arche; mais
on ne déterminera définitivement leur emplacement, qu'à
mesure de la pose de chaque cours de voussoirs.

67.

Les voussoirs des têtes seront posés avec un quart-de-
cercle, & d'après des tables calculées de leur distance aux
lignes verticales qui seront tracées sur les cintres à 50 pieds
les unes des autres, & à une ligne horizontale que l'on
établira pour cet effet contre des poteaux qui seront élevés
sur le pont de service. On y emploîra des niveaux à lunette,
placés à chaque bout de l'arche sur le rocher ou autre point
fixe. Les extrémités de la ligne horizontale seront établies
d'après de pareils points fixes, pour savoir de combien se
seront abaissées les fermes au droit de la prolongation de
l'axe du milieu des points d'appui, afin de connoître l'affaissement de ces fermes sous la charge des voussoirs. On
pourra d'ailleurs avoir recours aux éclaircissemens qui sont
donnés à ce sujet dans l'œuvre *in-fol.* du citoyen Perronet,
auquel on renvoie également pour des détails que l'on ne
donnera pas ici sur la pose des fermes, celle de la pierre, &
le décintrement des ponts.

68.

En finissant cette section, nous observerons que l'on
pourroit supprimer les parties inférieures des fermes jusqu'à

la hauteur de 25 ou 30 degrés, en établissant le surplus sur de petits arcs, comme l'indique la gravure par un papier de retombée, lesquels arcs seroient supprimés après le décintrement de l'arche.

SECTION III.

Décintrement.

69.

IL y a une grande différence dans la manière de décintrer les ponts qui sont établis sur des fermes retroussées, ainsi que cela a eu lieu au pont de Neuilly, de celle qu'on doit employer lorsque les fermes sont soutenues sur des points d'appui entre leurs culées. Dans le premier cas, les fermes, en s'affaissant sous la charge des voussoirs, conservent par l'élasticité des bois, une courbure régulière de même genre que celle de l'ételon ou de l'épure ; mais des points d'appui intermédiaires & inflexibles la corromproient nécessairement, en formant ce que l'on nomme des *jarrets* ou changemens de courbure au droit de chacun de ces points d'appui ; ce qui seroit autant désagréable que dangereux pour les grandes arches. C'est pourquoi, on est obligé de prendre des précautions différentes de celles dont on a usé jusqu'à présent, pour le décintrement de l'arche dont il est ici question.

70.

Chaque partie des fermes, en s'affaissant sous son propre poids & successivement sous celui des voussoirs dont elle sera

chargée, le fera verticalement, abftraction faite de la réfiftance
des points d'appui, en fuivant la proportion de la partie
des ordonnées verticales d'entre la courbure demi-circulaire & celle de forme ovale, qui feront tracées fur l'ételon ;
mais quand cet affaiffement feroit différent des 8 pieds dont
le demi-cercle aura été relevé, il fuivra toujours la proportion de ces mêmes ordonnées, en formant une autre
courbure régulière qui fe termineroit à zéro aux naiffances.

71.

Il fuit de cette obfervation & des précédentes, que pour
que la courbure ne faffe point de jarret, il faudra tâcher
de faire defcendre les fermes au droit de chaque point
d'appui, dans la proportion du réfultat moyen de ces
ordonnées, & de celui dont il eft parlé précédemment
article 67.

72.

On préfume que l'affaiffement total des fermes fera,
comme à la clef, fur l'axe de chacune des deux piles du
milieu, à peu-près de 8 pieds, de 5 pieds aux piles intermédiaires, & de 4 pieds fur celles qui feront les plus
proches des culées ; mais comme on penfe que la moitié du
taffement total fe fera par la furcharge des bois des fermes
& celle des vouffoirs qui feront pofés jufqu'à la hauteur d'un
angle de 30 degrés, il ne reftera, lors du décintrement
total de la voûte, à faire baiffer les fermes fur la partie
inférieure du cintre qui les foutiendra, que d'environ la
moitié de leur furhauffement. C'eft d'ailleurs pour plus de

sûreté, qu'on le règlera d'après ce qui sera arrivé lorsque la voûte se trouvera élevée jusqu'au droit de l'axe des différens points d'appui.

73.

Pour faciliter les différens taffemens & le décintrement des fermes, que l'on a intérêt de proportionner au taffement total qui doit arriver fur chaque point d'appui, afin que l'arche puiffe conferver la courbure qu'elle doit avoir dans les différens temps de fa conftruction, on fera fcier & ruiner en même temps en parties égales avec la fcie, le cifeau & le maillet, une tranche pyramidale de quelques pouces, de la partie inférieure de toutes les pièces qui doivent fervir à fortifier le cintre en charpente, & cela fucceffivement & à mefure qu'on en reconnoîtra la néceffité. Ces parties feront proportionnées pour chaque point d'appui, au taffement total qui doit lui correfpondre ; c'eft-à-dire, qu'en le fuppofant, comme on l'a fait ci devant *article 72*, de 4 pieds à ceux du milieu de l'arche, 3 pieds aux fuivans, & de 2 pieds à ceux les plus proches des culées ; & que l'on entreprenne de les couper en fix temps différens, à huit jours de diftance l'un de l'autre, chaque partie fera de 8 pouces pour les premiers points d'appui, de 6 pouces aux fuivans, & de 4 pouces aux derniers. C'eft par ces derniers que l'on commencera ces retranchemens, en montant enfuite aux autres, le tout plus ou moins, fuivant la néceffité, en obfervant effentiellement de ne faire defcendre que très-lentement d'auffi grandes maffes, pour que leur force, qui n'eft que d'inertie dans l'état de repos, ne foit pas changée

en

en force vive par la vîteſſe que leur donneroit une deſcente plus prompte, qui deviendroit fort dangereuſe.

74.

C'eſt pour le même motif, qu'il faudra commencer par ſcier chaque pièce de ſoutien des fermes dans ſon pourtour, ſeulement du quart ou du tiers de ſon épaiſſeur, juſqu'à ce que l'on s'aperçoive que la partie qui aura été réſervée au milieu, ſoit menacée d'être écraſée par la charge ſupérieure. Il ſera auſſi néceſſaire de faire ſcier ces pièces un peu obliquement ſur chaque face, pour que la partie inférieure de leur bout prenne une forme pyramidale qui puiſſe les empêcher de s'écarter en aucun ſens de l'entaille de même forme, que la ſcie aura faite aux bouts qui reſteront au bas de ces mêmes pièces.

Les détails précédens pourront paroître minutieux ; mais ils deviennent néceſſaires pour le ſuccès d'une entrepriſe qui n'a pas encore eu d'exemple.

75.

L'uſage ordinaire pour les grandes arches qu'on a faites juſqu'à préſent, eſt d'attendre que les mortiers des joints du haut de la voûte ayent acquis aſſez de conſiſtance, pour que l'on ne puiſſe pas y introduire la lame du couteau ; ce qui arrive ordinairement avant l'eſpace d'un mois, ſuivant que la pierre eſt plus ou moins dure & poreuſe pour abſorber la partie la plus liquide de la chaux ; mais on penſe qu'il ſera prudent d'attendre ſix ou huit mois, avant d'entreprendre de décintrer l'arche de 500 pieds, afin de donner plus de temps au mortier de prendre corps, & pour diminuer auſſi

E

l'affaiſſement qui doit néceſſairement réſulter de la compreſſion des joints.

76.

Pour faciliter le décintrement des fermes, après avoir
dégagé le bas de leurs points d'appui, comme on vient
de l'expliquer *article 73*, on enlevera les couchis de la
voûte ; ce qui ſera facile ſur la hauteur de l'angle de 30
degrés de chaque côté, & même juſqu'à 45 degrés, parce
que les vouſſoirs en ſont repouſſés contre les culées, en
s'iſolant des fermes par le poids de la partie ſupérieure de
la voûte, qui tend en forme de coin, comme on l'a déjà
dit, à renverſer les parties inférieures.

77.

On continuera enſuite par le bas à retirer de chaque côté
une dixaine de couchis, en ruinant les cales du deſſous lorſque
cela ſera néceſſaire ; mais quand on ſera arrivé à 25 pieds d'un
& d'autre côté de la clef, on placera des étréſillons de 5 à
6 pouces en carré & 2 pieds de longueur, de deux en deux
rangs de vouſſoirs proche les couchis, entre les fermes & la
voûte, avant de les retirer ; ce qui ſera fait en même temps
de part & d'autre de la clef, & en même nombre chaque
jour.

78.

On laiſſera la voûte un mois dans cet état, pour qu'elle
achève de prendre ſon taſſement très-lentement, en repouſſant
les parties inférieures des fermes dont les couchis & les cales
auront été enlevés, & on ruinera ſucceſſivement les étréſillons
d'entre les fermes & la voûte : on commencera également par

un même nombre de chaque côté, en se rapprochant du haut de la voûte, & l'on doit s'attendre que ceux des derniers rangs vers la clef seront écrasés avec beaucoup de bruit, par la charge d'une partie de la voûte. C'est pour lors que les fermes étant déchargées virtuellement de leur plus grand fardeau, après la pose des clefs, remonteront subitement par la force de l'élasticité des bois qui auront été fortement comprimés sous la charge de la voûte dont elles se trouveront isolées.

Cette voûte aura alors la facilité de continuer de s'affaisser, à mesure que les mortiers des joints, principalement ceux de ses parties supérieures, seront plus comprimés, & cela arrivera sur-tout dans les premiers jours ; mais il faudra attendre, avant de démonter les fermes, que le tassement soit devenu insensible, pour être en état de retenir la voûte, s'il arrivoit que son affaissement devînt plus considérable qu'on ne l'eût prévu.

79.

On enlevera ensuite les moises & les liernes horizontales du bas des fermes également, jusqu'à la hauteur de l'angle de 45 degrés, pour les affoiblir peu-à-peu chaque jour par cette opération, & pour qu'une continuation de l'affaissement de la partie supérieure de la voûte, fasse baisser successivement & lentement le sommet des fermes, en les repoussant par le bas dans le vide de deux pieds, dont on aura retiré les couchis & les cales.

80.

Ce ne sera qu'après avoir remarqué que la voûte ne s'affaissera plus sensiblement, & qu'elle reportera toute sa poussée contre les culées, & aussi après qu'on aura terminé les ragrémens & rejointoiemens en ciment du dessous de la voûte & de ses têtes, que l'on pourra entreprendre d'achever de

E 2

démonter & d'enlever les fermes, le pont de fervice & tous les autres bois qui auront fervi à la conftruction de la voûte.

81.

. A l'égard des autres ponts de fervice ou échafauds fervant d'étréfillons contre le dévers des piles, on pourra les enlever à mefure que les parties fupérieures de la maçonnerie des piles auront été démolies, ainfi que les petits échafauds verticaux & légers qui feront reftés dans la dernière partie du haut de ces piles.

SECTION IVe.

Murs d'épaulemens & pilaftres, trompe fur l'angle en tour creufe, œils de Pont & maçonnerie des reins.

82.

En achevant la démolition des cintres de charpente, on élevera deux murs d'épaulement de 30 pieds de longueur à mefure de la pofe des vouffoirs du bas de la voûte, ainfi que des pilaftres de 12 pieds de largeur par le haut, fur 6 pieds d'épaiffeur, en donnant à ces murs 2 lignes de talus ou fruit par pied de hauteur, & 4 lignes fur le devant & en retour des pilaftres.

83.

Pour le foutien & le raccordement des parapets de chaque tête du pont, jufqu'au haut de la partie des murs d'épaulement qui joindront chaque pilaftre, il fera fait une trompe fur l'angle en tour creufe décrite avec un rayon de

30 pieds de longueur, ainfi qu'à fon profil, contre les têtes du pont & le parement des murs d'épaulement depuis l'origine de cette trompe, en obfervant de faire régner une affife courante de 18 pouces de hauteur fous la plinthe.

84.

Pour faciliter ces conftructions, on différera de démonter les échafauds d'entre la dernière pile & la culée, jufqu'à ce que les murs d'épaulement & les pilaftres foient élevés à la hauteur du dernier de ces échafauds. On en établira d'autres convenables pour le furplus de leur élévation & des trompes en tour creufe ; les mêmes échafauds ferviront aux ragrémens & rejointoiemens.

85.

Pour diminuer la trop grande charge qu'auroit la maçonnerie des reins fur la voûte, on fera trois œils de pont de forme elliptique de chaque côté de cette voûte.

86.

Le petit axe du plus grand œil fera établi fur la direction d'un angle de 45 degrés de l'arche, & aura 50 pieds de longueur, fe terminant par le bout d'en bas à 20 pieds de la douelle du vouffoir correfpondant de la voûte. Le plus grand axe qui fera perpendiculaire à l'autre, aura 70 pieds de longueur.

87.

Le grand axe de chacun des deux petits œils de pont, formera un angle de 30 degrés d'après celui mentionné ci-devant ; & partant des foyers des petits arcs de fa courbure elliptique, il aura 40 pieds de longueur, & fon origine

fupérieure fe trouvera à 30 pieds de chacun defdits foyers :
le petit axe aura 25 pieds. Le tout deviendra fymétrique pour
chaque côté de la voûte.

88.

On donnera 4 pieds de longueur de coupe aux vouffoirs
du grand œil, & 3 feulement à ceux des petits œils. Les
vouffoirs du grand œil failliront de 6 pouces, & ceux des
petits œils de 4 pouces, d'après le nu des têtes du pont,
pour recouvrir la faillie des boffages des vouffoirs de l'arche.
Le tout fera fait d'après les épures qui en feront tracées en
grand fur les chantiers par l'apareilleur.

89.

Pour diminuer encore plus la maçonnerie des reins, on
la terminera derrière les murs des têtes qui auront 4 pieds
d'épaiffeur en portion d'arc de cercle, avec un rayon de 60
pieds, ayant pour centre l'extrémité inférieure du petit axe,
l'ellipfe de chaque grand œil de pont, allant former tangente
avec la ligne horizontale d'après laquelle feront arrafés les
extrados des têtes ; & le furplus jufqu'à cette ligne horizontale, fera garni avec des recoupes de piérre & du gravier
ou du fable.

90.

En pofant les vouffoirs, on aura l'attention d'en placer qui
foient percés cylindriquement, à environ 100 pieds les uns
des autres dans la partie du milieu de l'arche, entre les petits
œils de pont & à 6 pieds des têtes de chaque côté de
l'arche, pour l'écoulement des eaux de pluie qui pénétreront

entre les joints des pavés jusqu'à la chape dont on va parler
à l'article suivant.

91.

Cette chape sera faite en ciment ou espèce de pouzzolane,
sur 6 pouces d'épaisseur avec du petit caillou ou de la pierre
dure cassée, posé par couches, chacune de 2 pouces
d'épaisseur sur toute la longueur & largeur de l'arche, en
comprimant ces couches pour qu'il ne s'y forme point de
gerfure. On établira cette chape sur une maçonnerie de
moelon & mortier de chaux & sable, dont les pentes du
dessus seront dirigées vers les gargouilles.

92.

On ne croit pas nécessaire de détailler ici l'assemblage
de deux cintres retroussés qu'il conviendra d'établir pour la
pose des voussoirs de chaque partie supérieure de la voûte
des œils de pont. On en trouvera des modèles dans l'ou-
vrage mentionné ci-devant.

93.

Lorsque l'arche aura cessé de s'affaisser, & après que
ses têtes auront été dérafées de niveau, on posera une
plinthe composée de deux assises, chacune de 18 pouces de
hauteur, en saillie d'un pied sur le nu des têtes, & retournées
au-dessus des trompes & des pilastres, pour tenir lieu d'un
entablement dont les moulures ne seroient point apparentes
sur une aussi grande étendue.

94.

Afin de caractériser le local de l'établissement de cette
arche entre des rochers, il conviendra de rustiquer la face de

la plinthe, & auffi la tête des cinq vouffoirs du milieu de l'arche, fur des boffages de 3 pouces de faillie ; & après trois vouffoirs unis de chaque côté des précédens, les trois fuivans feront faits avec pareils boffages ; & ainfi de fuite alternativement, jufqu'au bas de la voûte, en obfervant de retourner ces boffages fous la voûte, fur 3 & 4 pieds de longueur de douelle. Ils feront prolongés en haut de la voûte, jufque fous la plinthe de couronnement, & ceux des naiffances fe termineront contre les murs d'épaulemens.

Ces boffages exigeront que les couchis foient entaillés de 3 pouces au moins pour la place qu'ils occuperont dans le haut, à leur rencontre.

95.

Les vouffoirs des œils de pont feront également ruftiqués de deux en deux feulement, & il en fera fait de pareils au parement du pourtour des pilaftres.

96.

Sur le cours de la plinthe, on pofera des parapets qui fe termineront aux pilaftres ; ils auront 3 pieds & demi en deux ou trois affifes : la dernière formera bahut.

97.

Pour terminer cette arche, il ne reftera plus que des bornes demi-rondes à pofer, à 15 ou 20 pieds de diftance du devant des parapets ; le pavé à faire formant chauffée bombée de 18 pieds de largeur dans le milieu, avec revers de 4 pieds 6 pouces jufqu'au ruiffeau qui doit conduire l'eau dans les gargouilles. Ce ruiffeau fera continué jufqu'au-delà des culées, dans la partie du deffus des œils de pont où il ne fera pas

pofé

pofé de gargouilles, le tout fur une pente convenable. On
fera enfin l'excavation néceffaire dans la roche, ainfi que les
remblais & les chemins des abords de l'arche.

SECTION V.

*Arches de 200 pieds, 300 pieds & 400 pieds
d'ouverture.*

98.

APRÈS avoir propofé les moyens que nous croyons convenables pour conftruire l'arche de 500 pieds d'ouverture,
il refte à parler de ceux qui pourroient être employés à des
arches moins grandes.

99.

Si, d'après ce qu'on vient d'expliquer, on doit prendre
quelque confiance dans la poffibilité d'établir l'arche de 500
pieds d'ouverture, il ne fera pas difficile de concevoir com-
ment on pourra en faire de moins grandes, telles que celles
de 400 pieds, 300 pieds & 200 pieds.

100.

Il fuffira pour cela de confidérer que les naiffances de
l'arche de 400 pieds d'ouverture, partiroient du niveau du
deffus du troifième échafaud, & qu'elle auroit 100 pieds de
hauteur ou de longueur de flèche.

La feconde de 300 pieds, feroit établie à la hauteur du
quatrième échafaud, & auroit 50 pieds de flèche.

Et la troifième de 200 pieds fe trouveroit plus élevée
de 30 pieds que cet échafaud; ce qui réduiroit fa hauteur
fous clef à 20 pieds, le tout ou à peu-près. Il conviendroit
auffi de leur donner 8 à 10 pieds de hauteur de pied-de-roi,

pour diminuer l'apparence de l'angle mixtiligne trop aigu que formeroient les premiers vouſſoirs avec un ſol horizontal qui partiroit de leur naiſſance. Toutes ces arches étant formées des ſegmens ſupérieurs à leurs cordes, on établiroit les cintres, leurs points d'appui & décharges, convenablement à ce qu'elles exigeroient.

IOI.

On obſervera de diminuer la groſſeur de tous les bois, en raiſon de la charge qu'ils auront de moins à porter, & auſſi de ne laiſſer ſubſiſter que les ſeuls petits œils de pont qui ſont les plus proches du ſommet des voûtes. On réduira la longueur de la coupe des vouſſoirs des clefs de l'arche de 400 pieds, à 6 pieds; celle de 300 pieds à 5 pieds, & celle de 200 pieds à 4 pieds; le tout en tâchant d'y employer des pierres plus peſantes & plus dures que celles de la carrière de Saillancourt mentionnées ci-devant. On ſuppoſera auſſi que ces différentes arches ſeront également appuyées contre les rochers, ſur des vallées moins profondes & moins larges que celle de 500 pieds.

IO2.

Il ſera ſouvent poſſible de donner moins d'aplatiſſement à la courbure de ces dernières arches, en faiſant partir leur naiſſance au-deſſous des cordes des ſegmens de la grande arche; & pour lors ces nouvelles courbures en portion d'arc, ſe trouveront décrites avec des rayons moins grands.

IO3.

On croit inutile d'entrer dans un plus grand détail ſur la conſtruction de ces arches de moindre grandeur; mais il ne l'eſt pas de recommander pour tous ces grands travaux, d'avoir recours à un habile ingénieur, qui connoiſſe ces genres de conſtruction, & à des ouvriers capables, principalement à un appareilleur, un maître charpentier ou gâcheur, ainſi qu'un poſeur qui ſoient expérimentés & ſoigneux pour diriger les autres ouvriers.

104.

Après cinquante-ſix années d'expérience ſur les plus grands travaux hydrauliques, on a lieu d'eſpérer avoir indiqué quelques moyens utiles ; cependant on ne croit devoir encore les annoncer qu'à titre de notions qui pourront guider les ſavans conſtructeurs dans la recherche & la perfection de ces moyens, ce que l'on a eu pour objet par le préſent Mémoire ; ou tout au moins qu'ils pourront encourager l'entrepriſe des arches de 200 pieds & 300 pieds dont on ne connoît pas d'exemple exiſtant, ce qui conduira à de plus grandes entrepriſes du même genre.

105.

On pourroit cependant citer qu'il a exiſté dans l'antiquité des monúmens très-importans de cette eſpèce, ſavoir ; le pont conſtruit à Worhel, ſur le Danube en Hongrie, par l'empereur Trajan, d'après les deſſins d'Apollodore de Damas, lequel étoit compoſé de vingt arches, chacune de 170 pieds d'ouverture en plein cintre, de 80 pieds de largeur d'une tête à l'autre & de 235 pieds de hauteur ſous clef à compter du deſſus des eaux ordinaires. Mais ce grand monument qui étoit unique, fut détruit peu de temps après ſa conſtruction, par l'empereur Adrien, pour empêcher le paſſage des troupes ennemies. Il n'en reſte plus que quelques piles de 60 pieds d'épaiſſeur, & des naiſſances d'arches.

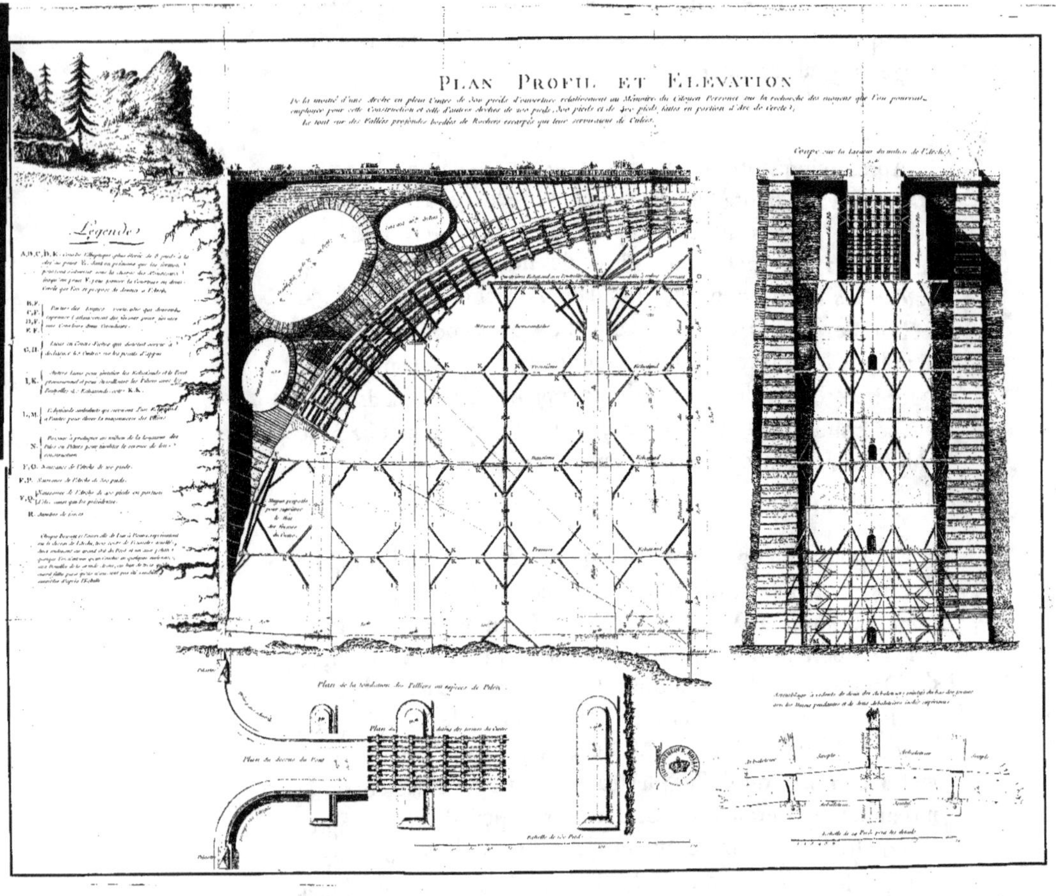

PLAN PROFIL ET ELEVATION
Légendes
Coupe sur la largeur du milieu de l'Arche.
Plan de la fondation des Palliers ou espèces de Piliers.
Plan du dessus du Pont
Echelle de 150 Pieds.
Echelle de 24 Pieds pour les dessins.